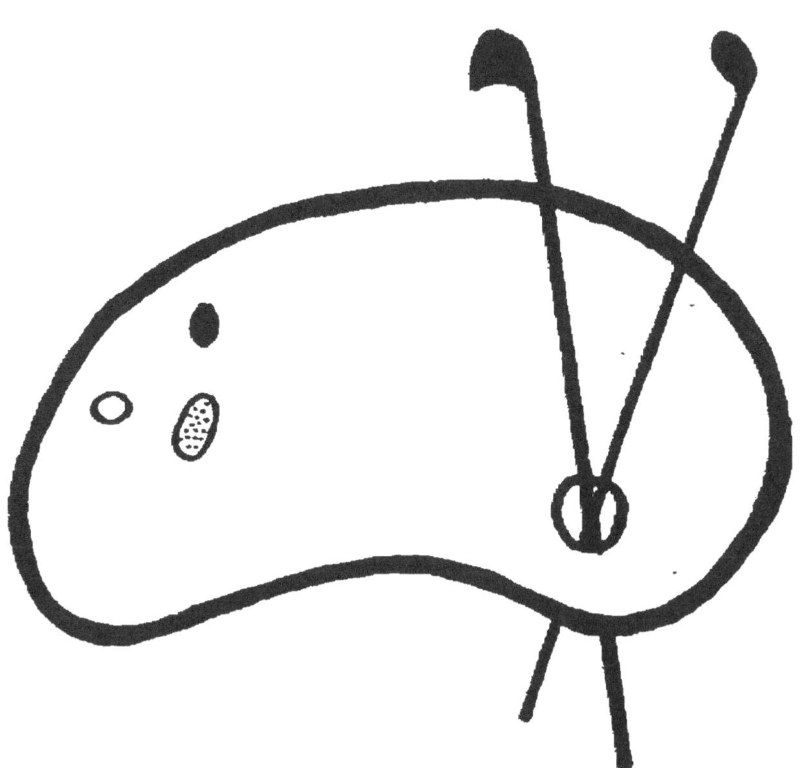

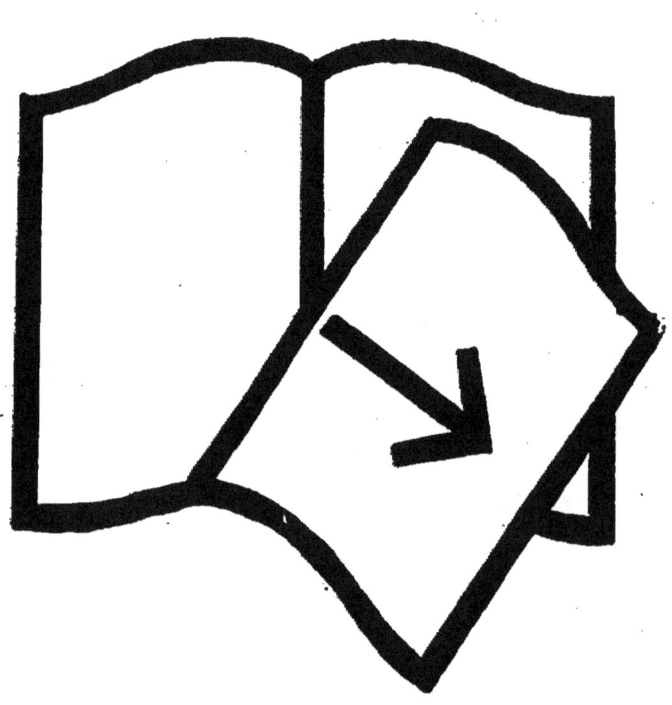

Couverture inférieure manquante

L'ABBÉ CH. BLANCHOT

UN COIN

DE

FRONTIÈRE FRANC-COMTOISE

VESOUL
IMPRIMERIE DE A. SUCHAUX
—
1891

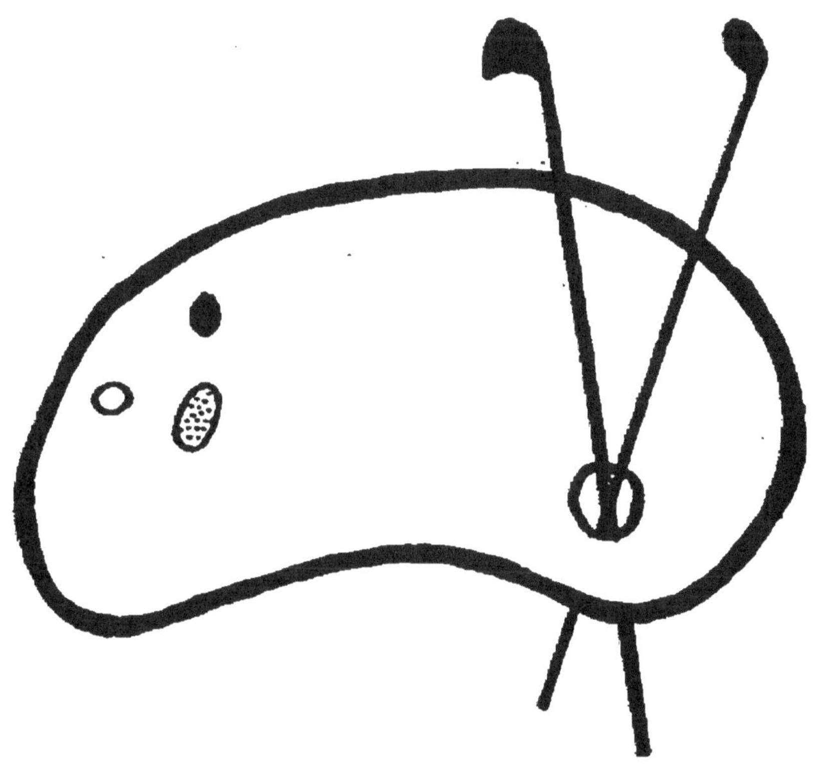

FIN D'UNE SERIE DE DOCUMENTS
EN COULEUR

L'ABBÉ CH. BLANCHOT

UN COIN

DE

FRONTIÈRE FRANC-COMTOISE

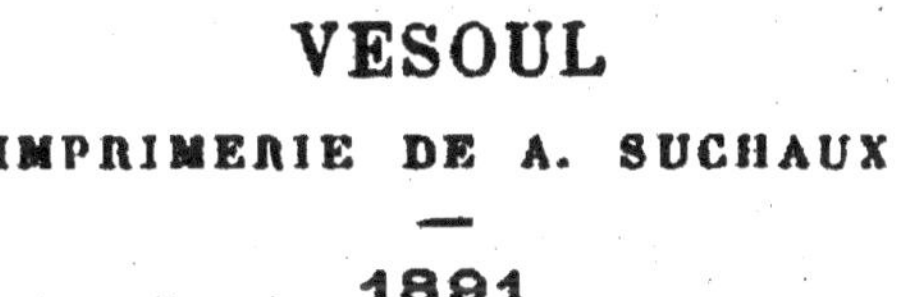

VESOUL

IMPRIMERIE DE A. SUCHAUX

—

1891

UN COIN

DE

FRONTIÈRE FRANC-COMTOISE

DU DOMAINE RURAL

DU IIIe AU XIIe SIÈCLE

DU DOMAINE RURAL

DU IIIe AU XIIe SIÈCLE

Il n'est personne qui, s'étant occupé de l'histoire particulière des villages, n'ait été frappé de l'absence, presque complète sur ce point, de documents écrits, jusqu'au XIIe siècle.

A partir de ce moment, les croisades, les donations faites, à peu près dans chaque village, aux monastères bénédictins et cisterciens si nombreux, et aux ordres militaires si riches, multiplient les transactions et les chartes : c'est l'histoire écrite qui commence pour les campagnes.

Auparavant, au contraire, du IIIe au XIIe siècle, une nuit sombre pèse sur elles.

C'est sur cette première époque du moyen âge que vient de jeter une vive lumière une homme éminent, dont la science pleure la mort prématurée et récente, M. Fustel de Coulanges. Dans son livre *De l'Alleu et du Domaine rural à l'époque mérovingienne,* il a pu, grâce à l'étude approfondie et comparée de tous les textes de l'époque, grâce aussi aux travaux de ses devanciers dans cette voie, faire revivre à nos yeux ces huit ou dix siècles si ignorés de l'histoire de nos campagnes.

J'ai eu la pensée de coordonner les découvertes du savant académicien avec lés indications que m'ont fournies, sur le coin de Franche-Comté que j'habite, les lieuxdits des matrices cadastrales, les noms des villages, et enfin quelques chartes plus anciennes. Cette courte étude servira ainsi comme d'introduction aux notes et documents qui suivront, et qui, en général, sont d'une époque postérieure au XIIe siècle.

M. Fustel de Coulanges commence par solidement établir que le monde romain et la Gaule spécialement étaient, aux neuf dixièmes, couverts de domaines particuliers. Ces domaines sont l'origine de nos villages actuels. Comme nos villages, ils renfermaient des terres en culture, des prés, des vignes, des pâturages, des forêts, et enfin portaient un nom : le nom du premier propriétaire, de celui qui avait créé le domaine en le délimitant, en le défrichant et en y faisant les plantations utiles. Autour de ce propriétaire, il n'y avait, en principe, que des esclaves ou des colons plus ou moins esclaves, et quelques petits propriétaires.

C'est du nom de ces domaines qu'est dérivé le nom de nos villages actuels ; aussi trouvons-nous dans ces différents noms une première et précieuse indication sur leur histoire.

A l'époque romaine, le nom du domaine se formait en ajoutant au nom du propriétaire le suffixe *acus,* qui, dans notre langue, s'est traduit par la désinence *ey* ou *y*. Ainsi, le Romain Florus a donné à son domaine le nom de Floriacus, qui est devenu Fleurey. Ray et Fédry sont encore appelés, dans les chartes du XIe siècle, *Raiacus* et *Firdriacus*. Les noms de Lavigney, Membrey, Tincey se sont formés de la même façon et à la même époque. Tous ces villages portent encore le nom du Romain qui les créa, ou du Gaulois, au nom latinisé, qui peut-être les tenait lui-même de ses ancêtres.

Des agglomérations d'hôteliers et d'artisans qui se sont formées sur les grandes routes ont quelquefois emprunté leur nom à un accident de terrain. Ainsi, parmi nous, sur la voie romaine de Langres à Port-Bucin, le gouffre d'où jaillit le ruisseau de la Gourgeonne a donné son nom au village de Gourgeon, qui a pu être un village libre relevant directement du fisc impérial. Et, de fait, au XIIIe siècle, il appartenait encore à la maison de Traves, alliée aux comtes souverains de Bourgogne, qui s'étaient approprié les domaines du fisc (1). Sur une autre voie romaine dont il sera parlé plus tard, une côte trouvée trop ardue par les voyageurs a pu donner naissance au mot Hardemont, qui fut le premier nom du village de Vauconcourt. Sur un titre des sires de Rupt, maîtres des trois quarts de la seigneurie, on lit encore, en 1585 : Vauconcourt, anciennement Hardemont (2). Ce dernier nom dut être seul en usage jusqu'à ce qu'un certain Vascon, ayant obtenu un quart du domaine, y établit sa *curtis*, qu'il habita. Le nom du propriétaire résident se substitua ainsi peu à peu à l'ancienne dénomination.

Ce n'est pas seulement parmi nous, c'est partout qu'un changement s'opère dans le langage, après la conquête barbare. Souvent les barbares donnent leur nom à leurs domaines, soit qu'ils aient créé ces domaines, soit qu'ils les aient obtenus de la faveur des rois ou par le droit de conquête. La formation du nom du domaine s'opère alors suivant un autre mode. On ajoute au nom du propriétaire tantôt le mot *villa*, tantôt le mot *curtis*, termes bien différents et qui, à cette époque, ont la même signification. La *villa*, ce fut d'abord la maison du maître ; au VIIe siècle, c'est le domaine entier. La *curtis*, ce fut d'abord la cour de la maison d'exploitation du domaine ; bientôt, c'est également le domaine entier. De là, parmi nous, les noms de Villers-Vaudey, *villa* de Vaudey ou de Vadays, suivant l'orthographe du XIIIe siècle, le domaine de Vaudey ; Renaucourt, Confracourt, *Reginaldi curtis, Gonfredi curtis*, domaine de Renaud, de Godefroi, et tous les noms du même genre, si communs parmi nous.

Enfin, vers la même époque, on voit entrer dans la

(1) *Dictionnaire des communes de la Haute-Saône*. Article : Traves.
(2) Titre appartenant à la famille Vauthrin-Mignot, de Vauconcourt.

composition du nom des villages le terme de *vicus*, avec le sens de annexe, dépendance : Vy-les-Rupt, hameau, dépendance de Rupt ; et plus souvent encore le nom du saint choisi pour le patron de l'église et du domaine. Ainsi est-il arrivé à Saint-Julien ; ainsi le village actuel de Saint-Marcel-les-Jussey s'appelait encore, au VIIe siècle, *Albiniacus*, et s'appellerait Aubigney aujourd'hui, si les moines de Saint-Benigne, à qui ce domaine fut donné, en 579, par un certain Godin et sa femme Lantrude, n'y avaient pas élevé à Saint-Marcel une église qui a fait disparaître le nom primitif (1).

N'est-il pas curieux, après tant de siècles, alors qu'à la surface du sol, institutions politiques, mœurs, langue, tout a été changé, bouleversé, de retrouver ces noms donnés au domaine, il y a douze ou quinze siècles, et, au moins pour quelques-uns, il y a plus longtemps encore ?

Il n'est pas moins curieux de constater que les limites mêmes des domaines n'ont pas varié, et que le sol a gardé jusqu'à nos jours la physionomie de cette époque. Des propriétaires se sont enrichis par l'acquisition de nouveaux domaines ; d'autres, au contraire, ont vendu un quart, une moitié, une *portion* déterminée de leur domaine ; mais l'individualité de chaque domaine n'a subi aucune atteinte : il a conservé son nom et ses limites.

Plus curieuse enfin est la composition du domaine à cette époque.

Au centre est la maison du maître, que l'on pourrait appeler l'unique maison du domaine.

Tantôt, c'est une magnifique maison de campagne avec des portiques et des statues, des salles de bain et des mosaïques. Ainsi était la *villa* de Membrey. D'autres fois et plus souvent, sans doute, c'est une immense maison de ferme, une *curtis*. Mais, dans l'un et l'autre cas, cette maison

(1) Dom BOUQUET, t. III, p. 317.

peut être appelée l'unique maison, tant méritent peu ce nom les misérables abris où logent les esclaves qui exploitent le domaine. Toujours aussi, on trouve autour de cette maison les ateliers et établissements nécessaires à une exploitation rurale, tels que le pressoir, le four, les ateliers de ferronnerie et de charronnage.

Le souvenir de ces *curtis* n'est point complètement effacé parmi nous. En 1670, à Delain, la maison du seigneur s'appelait encore « la Cour, » et le four banal, qui lui était contigu, n'était certainement qu'une dépendance de l'antique *curtis*. A Vauconcourt, à cent pas du château actuel qui a remplacé la *curtis* de Vascon, le pressoir avec ses caves existe encore, là certainement où Vascon le plaça il y a douze ou treize siècles. Un peu plus bas, le four banal remontait à la même époque, et les lignes de ces constructions indiquent bien le vaste développement donné à ces maisons de propriétaire, telles qu'aucune époque n'en a connues depuis. Nous en exceptons toutefois les monastères bénédictins et cisterciens du moyen âge, reproduction exacte de la *curtis* mérovingienne.

Les misérables huttes des esclaves n'ont laissé aucune trace sur le sol, on le conçoit ; aucun souvenir non plus n'est resté des traitements horribles qu'ils subissaient chaque jour, et des larmes de désespoir qu'ils ont versées. Les femmes esclaves travaillaient ensemble dans la maison du maître, à la merci de ses caprices et de sa brutalité. Les hommes esclaves, chaque jour, étaient conduits en bandes au travail par un affranchi ou un esclave délégué à cet effet par le maître. C'est du nom de *maior,* donné à cet intendant des travaux, qu'est dérivé le nom moderne de maire. Vieux ou infirme, incapable de travailler, en un mot, pour quelque raison que ce fût, l'esclave était jeté dehors ou mis à mort, ou encore jeté vivant dans les viviers et les étangs pour servir de pâture aux poissons.

En même temps que par les esclaves, le domaine était cultivé en partie par des affranchis et des colons, plus libres, mais ne pouvant cependant, ni les uns, ni les autres, abandonner la terre. A côté de Ray, le nom de Recologne, *Romana colonia,* rappelle encore les colons gallo-romains qui ont cultivé cette partie du domaine et y ont formé un village. Les petits propriétaires ne formaient qu'une infime exception.

Il importe de le redire aux oublieuses générations modernes : voilà ce que le paganisme avait fait de la dignité humaine, voilà ce qu'ont vu nos villages et les pères d'un grand nombre d'entre nous.

Cependant, vers le IIe ou le IIIe siècle, des bruits étranges étaient parvenus aux oreilles des maîtres. Des prêtres, parlant au nom d'un Dieu qu'ils nommaient le Christ, osaient enseigner que, devant leur Dieu, l'esclave était l'égal du maître, et que, dans le Ciel, l'âme de l'esclave pourrait être placée plus haut que l'âme du maître lui-même. Quelle fut la colère des païens, quelles furent leurs représailles, combien de chrétiens payèrent de leur sang les audacieuses doctrines dont ils s'étaient faits les apôtres, personne ne peut l'ignorer.

Leur sang ne rougit pas en vain la terre. C'est à cette même époque que se produit un fait inouï dans l'histoire de l'esclavage. Certains esclaves obtiennent, avec le droit de fonder une famille, la faculté de cultiver séparément un lot de terres de culture, prés et vignes, et de le transmettre à leurs enfants : c'était le commencement de la délivrance. C'était, en effet, la femme esclave arrachée au voisinage du maître, devenue simplement épouse, mère de famille ; c'était l'esclave devenu, jusqu'à un certain point, maître de son travail et de ses actes, prenant, en un mot, une âme d'homme ; c'était le commencement de cette lente ascension qui a rapproché toutes les classes de la société, et qui nous a conduits à la liberté individuelle dont nous jouissons aujourd'hui. Sachons au moins reconnaître notre libérateur dans ce Christ, qui, le premier, avait dit et fait dire aux maîtres et aux esclaves : « Vous êtes tous frères » (1).

Aux VIIe et VIIIe siècles, tous les esclaves à peu près cultivaient leur lot de terres séparé. Au XIIe siècle, ils diminuent de nombre, parce que grandit le nombre des affranchis et des hommes libres. Vers 1100, sur trois terres léguées à l'abbaye de Bèze par Sévin de Ray, l'une n'a point de serfs, les deux autres, situées à Fédry et à Vauconcourt, n'ont chacune qu'un serf. A la même époque, à Renaucourt, une vaste propriété, renfermant des terres, des prés, un cours d'eau, une forêt, n'a qu'un serf (2).

Dans ce partage du territoire de chaque domaine, ou, si l'on veut, de chaque village, les propriétaires se réservèrent une partie des terres de culture, une partie des prairies, et plus tard une partie des forêts et des pâturages. Cette réserve s'appela, en latin, *Dominicum, Sala, Broïlum,* et, d'après Ducange, *Vetitum.* Le plan cadastral de chaque village en conserve l'ineffaçable empreinte. Chaque serf dut, en effet, pour prix du fermage de ses terres, venir travailler un jour, deux jours, trois jours par semaine dans cette réserve. De là, dans chaque village, le nom de *corvées* donné aux terres de culture de la réserve. Presque partout aussi, à côté du village, une prairie porte le nom de Breuil, corruption évidente de *Broïlum ;* c'était la prairie réservée, dans laquelle chaque serf devait, comme on le faisait encore à Rupt et à Delain au XVIIe siècle, faucher, faner et voiturer pendant un jour, au temps de la fenaison (3).

Le partage des forêts se fit autrement.

(1) MATHIEU, XXIII-8.

(2) *Chronique de Bèze,* édition GARNIER, p. 390.

(3) *Dictionnaire des communes.* — Dénombrement fait à Delain en 1670. Ce volume manuscrit appartient à M. Aillet, maire de Mont-Saint-Léger.

Les propriétaires, après les avoir retenues dans leur réserve, firent payer à chacun, par un impôt, le droit d'y couper du bois et d'y envoyer les animaux, spécialement les porcs, à la pâture. Bientôt, cependant, dans un intérêt d'ordre, ils fixèrent les limites de cette jouissance et se réservèrent une partie de chaque forêt. De là une division que l'on trouve encore partout de nos jours : la partie avoisinante des châteaux est ordinairement restée propriété privée, tandis que le reste, exploité par les serfs, pâturé par leurs animaux, est devenu la forêt communale. Jusqu'à la Révolution, les seigneurs avaient en général conservé le droit de percevoir les amendes pour les délits commis dans les bois communaux eux-mêmes, dernier signe de leur antique pouvoir sur la forêt tout entière.

Partout le moulin était un droit du propriétaire. A Vauconcourt, il était situé dans le Vezain ou pré réservé de la *curtis* de Vascon, à quelques pas de celle-ci. Il fut sans doute, avec quelques autres maisons construites par les serfs de Vascon, l'origine du village de Nervezain, situé au milieu de cette prairie. Mais, comme les forêts appartenaient au propriétaire de Rupt, maître des trois quarts du domaine de Vauconcourt ou Hardemont, celui-ci n'y accorda aucun droit d'usage à ces tenanciers étrangers. Aussi, aujourd'hui encore, cette petite commune n'a pas de forêt communale.

Donnons enfin, comme un dernier souvenir de l'époque mérovingienne, les signes patibulaires ou potences, montés sur quatre piliers, et dressés à Rupt, Vauconcourt, Delain et ailleurs. Ils sont restés jusqu'à l'époque moderne, pour attester le droit de justice suprême qu'eut autrefois le maître sur ses esclaves.

La question des impôts a une importance toute spéciale. On comprendra que nous n'ayons pas trouvé les éléments nécessaires pour la résoudre. Disons seulement que, d'après M. Fustel de Coulanges, l'argent et le travail fournis par chaque serf équivaudraient de nos jours à une somme de 10 fr. par hectare (1). Il faut de plus ajouter à cette somme un double impôt : l'un pour la jouissance de la forêt, dont nous venons de parler, l'autre pour l'exemption du service militaire et de toute contribution de guerre.

Si les grands propriétaires de l'époque mérovingienne, si les seigneurs des époques suivantes commandèrent en maîtres aux serfs, il n'est que juste de remarquer qu'ils les couvrirent de leur large bouclier, et prirent à leur charge l'impôt le plus redoutable de tous, l'impôt du sang.

Combien j'aurais aimé retrouver les traces des premiers missionnaires chrétiens qui parcoururent nos campagnes, énumérer et décrire les oratoires qui naissaient sous leurs pas ! Je n'ai pu y parvenir. En l'an 1000, les églises de Morey et de Ray appartenaient déjà à l'abbaye de Bèze ; l'église de Betoncourt a été construite en 820, comme on le verra plus loin, et des sarcophages de pierre taillée, dont nous parlerons aussi plus loin, trouvés devant l'église de Vauconcourt, peuvent lui faire attribuer une antiquité semblable. Au delà, je n'ai rien découvert de certain, sinon ce qu'on trouve partout, les dîmes. C'était l'impôt du culte et de la charité établi par l'Église, et dont elle avait fait quatre parts : l'une pour l'évêque et les œuvres diocésaines ; la seconde pour les prêtres qui desservaient les églises ; la troisième pour les veuves et les orphelins ; la quatrième enfin pour la restauration des églises. De bonne heure, à peu près partout aussi, elles étaient tombées entre les mains des laïques.

A Vauconcourt, elles étaient possédées par le haut seigneur féodal, le sire de Fouvent ; à Rupt et à Delain, les sires de Rupt les percevaient, ici d'une gerbe sur quinze, là d'une gerbe sur dix (2).

(1) *De l'Alleu*, p. 413 et suivantes.
(2) Dénombrement cité plus haut.

L'usurpation des laïques empêcha les dîmes de produire tous les heureux effets qu'en avait espérés l'Église. Cependant le bien matériel et moral qui en résulta longtemps surpassa, même au seul point de vue humain, dans des proportions que l'on ne peut dire, les désavantages de cette charge nouvelle imposée au peuple.

Terminons ces quelques pages par un souvenir plus reculé, mais qui repose avant tout sur une base bien fragile, sur une étymologie.

Les premiers oratoires chrétiens devinrent naturellement les paroisses primitives. Lorsque de nouveaux oratoires s'élevèrent dans les vastes circonscriptions de ces premières paroisses, évidemment très rares, celles-ci conservèrent, à l'égard de ces nouveaux oratoires, certains droits et privilèges, spécialement celui de cimetière. De là, le nom donné à ces églises, d'églises du cimetière ou églises de l'*aitre,* du mot latin *atrium,* porche, parce que, primitivement, c'est sous le porche de l'église qu'étaient inhumés les chrétiens.

Une église de notre coin de terre a conservé jusqu'à nos jours ce nom d'église de *Laitre,* et doit donc être une église primitive. Elle en a, du reste, tous les caractères. Elle est placée, et sur la voie romaine de Langres à Port-Bucin, et sur cet autre chemin, plus ancien peut-être encore, qui, du pays de Langres, se dirigeait vers la Saône par Artaufontaine et Confracourt. Adossée, à une grande hauteur, à un contre-fort de cette chaîne de collines et de montagnes qui se continue jusqu'à Langres, elle domine une vaste étendue de pays. C'est bien ainsi que les païens aimaient placer leurs temples et les premiers chrétiens leurs églises. D'après la tradition, lorsque ces églises n'avaient point encore de prêtres à demeure, de grands feux allumés sur la montagne prévenaient, de l'arrivée du prêtre, les fidèles semés çà et là dans les campagnes voisines, et servaient de signal et d'appel pour le sacrifice.

Une vie toute spéciale a, de plus, régné pendant tout le moyen âge sur ce point du territoire.

Je ne cite que pour mémoire la naissance, au pied de cette église, à Molay, de Jacques de Molay, le dernier grand-maître du Temple, qui dut y être baptisé, et qui fut brûlé à Paris en 1314. Mais c'est à côté de cette église, à la Rochelle, que fut construit, à une date qui se perd dans la nuit de l'histoire, ce formidable château, dont les maîtres bravèrent si souvent les comtes souverains eux-mêmes.

Enfin, un titre de 1256 mentionne l'existence, à la Rochelle même, d'un chapitre (1) dont il n'est plus question, depuis, dans l'histoire. Ce fut probablement une de ces communautés de prêtres de l'ordre canonique, telles qu'en connurent beaucoup les premiers siècles du moyen âge. Elle aurait existé là, soit fondée par la générosité des sires de la Rochelle, soit attirée par d'antiques souvenirs de pèlerinage à cette primitive, et pendant longtemps, sans doute, unique église de la contrée.

Quoi qu'il en soit de cette dernière question, ces souvenirs, unis à l'étymologie du mot *Laitre*, ne permettent guère de douter que là n'ait été la première station des missionnaires chrétiens parmi nous. C'est de là qu'ils se répandirent dans nos campagnes, auxquelles ils apportaient la vérité qui devait engendrer le salut et la liberté.

Résumons en quelques paroles cette courte étude.

Où nous voyons aujourd'hui s'élever nos villages, ordinairement si gracieux et si pittoresques, avec leurs maisons blanches et leur ceinture d'arbres fruitiers, avec leurs clochers, leurs tourelles, débris de quelque antique château, on voyait, il y a quinze siècles, s'élever une seule et immense maison. Dans cette maison, il y avait un homme qui possédait à lui seul toute la terre, terre de culture et pâturages,

(1) Archives de la Côte-d'Or. B. 260. Lavigney.

forêts, prairies et ruisseaux; il possédait tout, jusqu'aux hommes eux-mêmes qui exploitaient la terre, et auxquels il ne donnait plus un nom d'homme, mais un nom de chose inanimée. Il les appelait *mancipia*, biens meubles, *instrumenta fundi,* machines agricoles. Il s'appropriait le fruit de leur travail, il les emprisonnait, il les torturait, il les tuait, et personne n'avait le droit de lui en demander compte. Et, pendant ce temps, il s'enivrait de toutes les joies de l'existence!

En face de cette épouvantable tyrannie viennent se dresser les apôtres du Christ. S'ils prêchent aux esclaves la soumission à leurs maîtres, ils prêchent aux maîtres les droits de l'âme humaine et l'égalité devant Dieu. Sous l'influence de cette doctrine, les maîtres accordent successivement à leurs esclaves le droit de jouir d'une partie de la terre, le droit de jouir de la forêt et des pâturages, le droit d'avoir un foyer et une famille, le droit d'avoir une maison à eux, qui abritera les fils après avoir abrité les pères.

Sans doute, au XIIe siècle, cette œuvre de libération n'est pas terminée, et la liberté, cette liberté si légitimement enviable, n'est pas complète.

Non seulement les serfs, les fils des esclaves, doivent l'impôt, qui est de tous les temps, mais ils doivent des corvées dans la réserve du maître, ils sont, au moins pour les délits et les fautes d'une importance secondaire, jugés sans appel par lui, et l'appellent leur seigneur. Si le seigneur a pris à sa charge presque exclusive les périls de la guerre et l'impôt du sang, les serfs ressentent, trop cruellement quelquefois, le contre-coup des luttes de château à château.

L'émancipation complète sera l'ouvrage des siècles suivants, se pénétrant de plus en plus des maximes du christianisme.

Quel changement néanmoins, d'autant plus que, dès cette première époque du moyen âge, la charité chrétienne vient compenser les imperfections et les rigueurs de cette civilisation incomplète! Nous en trouvons une preuve dans ces pays mêmes. Le paganisme tuait les esclaves incapables de travailler. Lorsque la plus horrible des maladies, et peut-être la plus contagieuse, la lèpre, se répandit parmi nous, on éleva des hôpitaux aux lépreux. A Ray, à Vauconcourt, à Fédry, l'emplacement en est encore désigné sous le nom de *Maladière.* Dans ce dernier village, un sentier fréquenté par ces malheureux s'appelle encore le *Sentier aux Ladres.*

Sans doute, on ne pouvait moins attendre des populations si chrétiennes de cette époque, et spécialement des seigneurs, à qui l'organisation de la société et leur naissance donnaient la responsabilité du pouvoir. En voyant ceux-ci prodiguer leurs biens aux monastères, verser à l'envi, par amour pour le Christ, le plus pur de leur sang dans les champs de la Palestine, et porter, avec leurs vassaux, la gloire du nom français à des hauteurs qui n'ont jamais été dépassées, on ne saurait douter de leur charité. A plus forte raison, ne doit-on pas être surpris de leur charité envers cette immense infortune qu'on a appelée la lèpre. Toutefois, ce contraste fait voir la différence entre les deux époques, et le progrès qu'avait fait la vraie civilisation. A qui le mérite de ce progrès, sinon, pour le redire encore, à Celui qui était venu faire aux hommes cette révélation : « Vous êtes tous frères. »

EXTRAIT DU PROCÈS-VERBAL

de la séance du 27 décembre 1890 de la Société d'agriculture, sciences et arts de la Haute-Saône.

Présidence de M. CHEVASSU, vice-président.

. . . .

« Puis le président donne communication à la Société « d'un mémoire de M. l'abbé Blanchot, curé de Vauconcourt, « sur *Un coin de frontière Franc-Comtoise au moyen âge.*

« Dans ce mémoire, M. l'abbé Blanchot a fait preuve « d'une grande érudition.

« C'est par de patientes et consciencieuses recherches de « documents authentiques, par l'étude des voies anciennes, « romaines et gauloises, des abbayes et monuments reli- « gieux et des vestiges des châteaux forts, dont il tire logi- « quement les déductions nécessaires à son sujet, qu'il a pu « jeter un peu de lumière sur l'époque si nébuleuse du « moyen âge.

« C'est ainsi qu'après avoir succinctement rappelé le rôle « actif de défense des principales forteresses formant avec « la Saône la frontière ouest de la Franche-Comté, il est « parvenu, en remontant au XIe siècle, à reconstituer très « exactement la généalogie des seigneurs et châtelains de « Ray-sur-Saône et à en relater les origines depuis Ponce « de la Roche, Guy et Eudes de Ray, et, après eux, l'illustre « Othon, duc d'Athènes, seigneur de la Roche et de Ray, le « premier haut baron de la lignée, qui fut, avec son fils

« Othon III, le fondateur des seigneurie et châtellenie de « Ray.

« Il a pu également retracer les hauts faits des ancêtres « de la famille actuelle, aux époques difficiles qu'a traversées « la Franche-Comté, ainsi que les dures et douloureuses « épreuves qu'eut à subir la forteresse de Ray, sentinelle « vigilante que sa forte position stratégique exposait sans « cesse aux premières attaques de l'ennemi.

« L'enchaînement des faits est présenté d'une manière si « lucide, que le lecteur, séduit et captivé, se sent convaincu « par leur empreinte de vérité.

« Le chapitre que M. l'abbé Blanchot consacre à cette « description a été spécialement l'objet de sa sollicitude, de « ses soins et de ses recherches approfondies ; aussi, cette « partie du mémoire, où la pensée de l'auteur, traduite avec « élégance, reflète parfois une certaine grandeur, est-elle, « sans contredit, la plus brillante, la plus exacte et la plus « attrayante.

« L'assemblée charge le président de remercier M. l'abbé « Blanchot de sa gracieuse communication, et décide que « son mémoire, qui doit utilement servir à l'histoire de la « Franche-Comté, sera publié dans le *Bulletin* de la « Société. »

NOTES ET DOCUMENTS

SUR

UN COIN DE FRONTIÈRE FRANC-COMTOISE

D'après Perreciot (1), la Séquanie était séparée du pays des Lingons par une ligne qui, partant de la Saône, laissait à sa droite Recologne-les-Ray, Raucourt, Molay, etc., et formait ainsi avec la Saône un angle dont la terre de Ray occupait la pointe.

C'est sur quelques villages et forteresses de cet angle frontière qu'ont été réunis les notes et documents qui suivent. Bien plus considérables seraient ces notices si l'auteur avait moins suivi son goût personnel, qui l'entraînait vers le moyen âge. Des goûts différents pourront amener des recherches dans nos temps modernes, plus riches en renseignements, et ainsi se préparera l'histoire de plus en plus complète de nos campagnes.

Artaufontaine. — Dans la prairie de Cornot, sur la rive gauche de la Gourgeonne, coule toujours la fontaine abondante qui a donné son nom au château fort dont elle baignait les murs. Les ruines mêmes du château ont péri, et depuis longtemps a disparu aussi le grand chemin du pays de Langres à la Saône, qui longeait ses murs, et sur lequel les sires d'Artaufontaine avaient établi un péage dont les

(1) PERRECIOT, Dissertation sur la *Maxima Sequanorum*. *Mémoires de la Franche-Comté*, t. V, 10-11.

religieux de Cherlieu demandaient, dès avant 1209, à être exemptés. C'est à ce péage que le hameau d'Artaufontaine doit le surnom de *Barrières* qu'il porte encore aujourd'hui, vivant souvenir des barrières placées sur le chemin par les sires d'Artaufontaine, pour rendre plus facile et plus sûre la levée de l'impôt prélevé par eux sur les voyageurs.

Ce chemin, absolument oublié depuis longtemps, se dirigeait par Lavigney, Cornot, Confracourt, sur Rupt et Traves. Dans le lit de la Gourgeonne, qu'il franchissait au pied des murs d'Artaufontaine, il fait encore écluse par un massif de maçonnerie épais, à arêtes vives, d'une solidité inébranlable, encore recouvert en partie d'un pavé de pierres plates; autant de caractères qui pouvaient faire croire à une voie romaine, et qui eussent apporté, dans ce cas, une preuve décisive en faveur de l'opinion de Chevalier sur l'emplacement de Port-Bucin, à Bucey-les-Traves.

De nouvelles études ne me permettent pas de douter que la voie romaine de Langres à Port-Bucin ait passé à Gourgeon. Ce chemin ne peut donc être qu'un chemin du moyen âge ou un chemin gaulois, restauré au moyen âge pour suppléer à la voie romaine devenue impraticable (1).

Le même homme, sans doute, qui l'a créé ou restauré y a construit une maison forte pour le garder, et a établi un péage pour se faire payer le double service rendu par lui au public.

Notons que, le château franchi, le chemin a deux directions, l'une sur Confracourt et Rupt, l'autre sur Combeaufontaine et la voie romaine qui pouvait, à son tour, se diriger sur Port ou vers Scey.

Après l'extinction de la maison d'Artaufontaine, le château fut possédé, en 1374, par la maison de Vair, et entra, en

(1) Comme les chemins gaulois, aujourd'hui encore il est taillé dans le roc à Confracourt. Peut-être est-ce un dernier vestige de ces chemins, par lesquels les Lingons venaient expédier sur la Saône, et pour Rome, leurs salaisons et leurs laines. Voir *Étude de géographie historique sur la Saône*, par Jules Finot, p. 57.

1413, dans le testament de Perrin Vincent, d'une noble maison de Bourgogne, que Chevalier nous montre s'épanouissant à cette époque dans la Bourgogne et dans les Flandres (1).

Jean Vincent, fils du testateur, releva les armes d'Artaufontaine, d'or à trois quintes-feuilles d'azur, et commença la maison des Vincent d'Artaufontaine, dont la dernière héritière, Bonne Vincent, veuve sans enfants de Guillaume de Lambrey, contracta un second mariage avec Jean de Scey, seigneur de Fertans. Encore aujourd'hui, au hameau d'Artaufontaine, ce mariage est rappelé par une pierre où sont sculptés les blasons de Scey et Vincent.

Bonne Vincent, qui possédait un autre fief à Mercey-sur-Saône, qu'elle reprenait de l'empereur en 1534 (2), étant encore demeurée stérile de ce second mariage, choisit pour son héritière une fille qu'avait eue son mari d'un précédent mariage avec Isabeau d'Achey. Quelques années après, cette fille porta en dot la seigneurie d'Artaufontaine à Marc de Beaujeu, dont la maison l'a possédée jusqu'au XVIIIe siècle. En 1602, le château fut détaché de la paroisse de Vauconcourt et rattaché à Cornot (3). C'est peu après qu'il perdit son importance. Imprenable pour le duc de Wolfgang et son immense armée (4), il reçut une garnison allemande de Gallass (5), fut emporté, en 1641, par le maréchal français de Grancey (6), qui en fit démolir la grosse tour avec le pavillon de la porte (7). Le reste a été rasé au niveau du sol, au commencement de ce siècle.

Betoncourt-les-Ménétriers. — Une église de Saint-Gengoul, au comté de Port, à l'ouest de Saint-Marcel, dont

(1) *Annuaire de la noblesse de France*, année 1883.
(2) Archives du Doubs, B. 466.
(3) Pouillé du diocèse. Artaufontaine. Archives du Doubs.
(4) *Histoire de Jonvelle*, p. 175.
(5) *Id.*, p. 271.
(6) *Histoire de Jussey*, p. 123.
(7) *Histoire de Jonvelle*, p. 301.

la possession est confirmée, par un diplôme de Louis-le-Débonnaire, à Betton, évêque de Langres, est certainement l'église de ce village. On voit de plus l'origine de son nom : Betto-curtis (1).

L'abbaye de Cherlieu, qui avait sans doute reçu cette terre en don des évêques de Langres, l'échangea, en 1234, contre les dîmes de Fleurey, appartenant à Othon de la Roche. Ces dîmes étaient au-dessous de ce qu'avaient espéré les religieux, car, en 1284, Jean de la Roche, sire de Ray, leur accorda, en compensation, une rente de trois bichets de froment sur la terre qu'ils avaient abandonnée (2).

Dès 1521, la maison de Salives possédait à Betoncourt une maison forte dont il reste encore des débris, et qui a eu sa part d'honneur et de gloire dans les luttes de l'indépendance franc-comtoise. Les Suédois, en particulier, la dévastèrent en 1636, et pendirent ensuite quelques hommes du village.

La chapelle mortuaire des anciens seigneurs du pays existe encore à côté de l'église, mais dévastée et sans honneur. J'ignore si leur dépouille mortelle a été respectée, mais une de leurs tombes, placée au milieu de l'église, est chaque jour foulée aux pieds, malgré la beauté des deux personnages sculptés en relief qui la recouvrent.

Le chœur de l'église est du XIIIe siècle, et a sans doute immédiatement remplacé l'église du IXe siècle de l'évêque Betton. Avec ses arcs-doubleaux et ses fenêtres à ogives, il est un charmant spécimen d'une église de village à cette époque. Malheureusement, la fenêtre qui devait éclairer son chevet est masquée à jamais par la sacristie, placée en cet endroit, à une époque récente.

Deux colonnes à l'entrée du chœur ont pour chapiteaux sept têtes très bien conservées, représentant par l'expression du

(1) Dom Bouquet, t. VI, p. 461.

(2) Archives de la Haute-Saône, Betoncourt. A Lyon, le bichet pesait soixante livres, d'après Ducange.

visage les sept péchés capitaux. La finesse de ce travail suffirait à elle seule pour indiquer le beau temps de l'architecture.

Confracourt. — Ce village, un des plus riches de la Haute-Saône en propriétés communales, possédait déjà au XII° siècle la même richesse territoriale ; un prieuré de Cluny, fondé à côté de Combeaufontaine avant cette époque, est appelé en effet prieuré de Confracourt, évidemment parce que, alors comme aujourd'hui, le territoire du village s'étendait jusque-là. En 1198, le chapitre de Cluny concéda ce prieuré, avec celui de Port-sur-Saône, à un capitaine Guilbert, pour les posséder sa vie durant. En 1275, les deux prieurés étaient définitivement réunis, car le prieur de Port-sur-Saône délimitait à cette époque les finages de Confracourt qui lui appartenaient avec ceux de Courcelle, grange située à côté de Cornot et appartenant à l'abbé de Cherlieu, seigneur de Cornot. L'ancien prieuré, après avoir appartenu aux Jésuites, porte aujourd'hui le nom de Magny-Robert et est une propriété privée (1).

Bien que Confracourt fût de la terre de Scey, il a existé une maison de Confracourt dont, en 1311, un fils, Jeoffroy, avait épousé Jacquette de Conflandey (2), sœur de Jacques de Conflandey, seigneur de Vauconcourt. Une maison à tourelle et à meurtrières, située au milieu de Confracourt et à moitié en ruines, a été certainement la demeure de cette maison.

Cornot. — La fondation de ce village est exposée tout au long dans une charte des archives de la Haute-Saône (3). Nous en publions la traduction et le texte :

« Nous W..., par la miséricorde divine Archevêque de

(1) *Histoire des diocèses de Besançon et de Saint-Claude*, par l'abbé Richard, p. 454.
(2) Archives de la Côte-d'Or, B. 1070, pièce 3457.
(3) G. 101, liasse 103.

Besançon, faisons connaître à tous présents et futurs que les religieux abbé et couvent de Cherlieu, de l'Ordre de Citeaux, de notre diocèse, ayant élevé un village sur leur propre sol, dans un lieu que l'on nomme *Tertre Cornet*, et nous ayant supplié qu'il leur fût permis d'y faire construire une église et un cimetière que nous bénirions ; Nous, écoutant favorablement leurs justes supplications, considérant de plus l'augmentation qu'en recevra le culte divin, du consentement des mêmes abbé et couvent et des paroissiens du lieu, nous réglons et statuons que ledit lieu ait son propre curé, et, pour l'entretien dudit curé, du consentement des susdits, nous avons jugé bon de régler que le curé, avec ses successeurs à perpétuité, ait un meix à côté du cimetière, où il puisse faire construire une maison et un jardin convenables, et une fauchée de pré et vingt arpents de terre labourable. Et qu'il ait toutes ces choses quittes et libres de toute charge, service et servitude, et de dîme. Qu'il ait de plus tous les revenus d'autel, tant des vivants que des morts, et trois charrues dans l'année, et la gerbée. Et parce que lesdits religieux se sont retenu, de notre consentement, les dîmes de tout le territoire et finage du village susdit, tant des terres de culture que de celles a mettre en culture, Nous, en compensation desdites dîmes, nous réglons et statuons, du consentement desdits religieux et paroissiens, que ledit curé et ses successeurs, à perpétuité, aient un bichet de froment, mesure de Traves, de tout feu qui est et qui sera dans la paroisse dudit village, lequel sera payé au même curé et à ses successeurs, à perpétuité, chaque année, pour la fête du Bienheureux Martin d'hiver. En témoignage de laquelle chose, nous avons fait apposer sur les présentes lettres notre sceau, avec le sceau dudit abbé de Cherlieu, le quatre des calendes de septembre de l'an mil deux cent cinquante sept. »

L'abbé de Cherlieu demeura jusqu'à la Révolution seigneur de Cornot, puisqu'en 1766, l'abbé commendataire Mathias de la Ressuire, ancien évêque de la Réunion, prenait encore ce titre au bas de l'acte de baptême d'une cloche dont il fut le parrain (1).

Un grand étang aménagé par les soins de l'abbé lui appartint également jusqu'à la Révolution. Aujourd'hui encore, la jetée en est intacte, et demeure le seul souvenir de la domination six fois séculaire de Cherlieu sur ce village.

Texte latin de « La fondation de la cure de *Tertre Cornet :* »

« Nos W..., divina miseratione Archiepiscopus bisuntinus, notum facimus universis præsentibus et futuris quod cum religiosi Abbas et Conventus Cariloci, Cisterciensis Ordinis nostre diæcesis, de novo ædificassent villam in solo proprio, in loco qui dicitur *Tertre Cornet,* et nobis supplicassent ut in ipsa villa ecclesiam ædificari facere et cœmeterium possent, quæ benediceremus ibidem; Nos, ipsorum justis supplicationibus benigne annuentes, attendentes etiam cultum ex hoc augeri divinum, de ipsorum abbatis et conventus et parrochianorum loci consensu, ordinamus et statuimus ut dictus locus proprium habeat curatum, et ad sustentationem ipsius curati de consensu prædictorum duximus ordinandum ut ipse curatus et ejus successores in perpetuum habeant mansum unum prope cœmeterium, ubi domum ædificari et hortum possit facere competentem, et unam falcatam prati et viginti jugera terræ arabilis. Et hæc omnia habeat quita et libera ab omni onere, servitio et servitute, et decima. Insuper habeat omnes proventus altaris tam vivorum quam mortuorum et quarrucas ter in anno et

(1) Registres paroissiaux.

gerberiam. Et quia dicti religiosi sibi retinuerunt de consensu nostro decimas totius territorrii et finagii villæ antedictæ tam cultarum terrarum quam excolendarum, nos, in recompensatione decimarum dictarum, ordinamus et statuimus de consensu dictorum religiosorum et parochianorum quod dictus curatus et ejus successores in perpetuum habeant unum pœnale frumenti ad mensuram Trave a quolibet foco qui est et qui erit in parochia dictæ villæ, eidem curato et ejus successoribus in perpetuum reddendum annis singulis in festo Beati Martini hiemalis, in cujus rei testimonium sigillum nostrum cum sigillo dicti abbatis Cariloci præsentibus lecturis duximus apponendum. Quarto Calendas Septembris anno Domini m° cc° quinquagesimo septimo. »

Fleurey. — D'après l'abbé Richard, il y aurait eu un prieuré bénédictin dans ce village. En tout cas, il avait déjà disparu en 1234, puisque les sires de Ray y possédaient non seulement la seigneurie, mais encore les dîmes qu'ils abandonnérent aux moines de Cherlieu, en échange de leur métairie de Betoncourt, comme nous l'avons vu.

Jusqu'à la construction des routes contemporaines au XVIII° siècle, Fleurey est demeuré un poste de relais pour les troupes qui se dirigeaient de Jussey et Jonvelle sur Gray et Dole. Aussi a-t-il été cruellement éprouvé à toutes les invasions. Wolfgang, en 1569, y avait établi le quartier général de ses 30,000 bandits luthériens, et le livra au pillage avant de le quitter. C'est dans l'une de ces invasions que fut sans doute brûlée l'ancienne église. L'église actuelle n'a qu'un souvenir antique, ses autels, qui sont des pierres tumulaires aux caractères gothiques.

En 1778, Fleurey faisait partie des domaines du comte de Provence, qui devait plus tard s'appeler Louis XVIII, et qui accepta d'être le parrain d'une cloche qui porte son nom. Il y eut au village, à l'occasion du baptême, auquel le prince se fit représenter par son aumônier l'abbé de Blesplas, une grande fête dont le curé de cette époque a fait imprimer la relation.

Gourgeon. — La voie romaine de Langres à Port-Bucin passait incontestablement à Gourgeon, où elle est bordée de sarcophages de pierre taillée en forme de trapèze que l'on découvre de temps à autre, et d'où elle se dirigeait, par Combeaufontaine, soit sur Port-sur-Saône, soit sur Scey, Pont-Bucey et Traves. Sur une éminence entre Gourgeon et Combeaufontaine, je l'ai suivie, aux débris de tuileaux qu'elle a laissés, sur une longueur de plus de 40 mètres, et aux lieux dits *La-Vie-de-Port, Le-Chatelard,* signes certains du passage de la voie, et, pour ce dernier nom, signe bien probable de l'existence, sur cette hauteur, d'un ouvrage militaire destiné à la protéger.

D'autre part, il est certain qu'au moyen âge, la grande voie de communication entre Langres et Port a passé par Lavigney et Artaufontaine, à 2 kilomètres de Gourgeon. Comment la voie romaine a-t-elle été abandonnée (1) ?

Je hasarde cette explication : on voit encore, entre Gourgeon et Melin, le lit profondément encaissé d'un ruisseau considérable, qui, après avoir coulé ainsi à ciel ouvert, a trouvé, à Melin, un canal souterrain où il disparaît pour venir réapparaître, à Gourgeon, dans le gouffre qui a donné son nom au village. Autour de ce gouffre est aujourd'hui un marais dans lequel est submergée la voie romaine, et qui a dû se produire à ce moment même où le ruisseau, abandonnant son lit, est venu jaillir à côté de la voie, qu'il rendait impraticable. C'est alors aussi, sans doute, qu'une famille riche et puissante construisit le gué et le château d'Artau-

(1) Voir plus haut Artaufontaine

fontaine, et amena ainsi, sur ce chemin nouveau, le flot des voyageurs, auxquels, par le péage, elle fit, comme c'était son droit, payer le service qu'elle leur rendait.

Quoi qu'il en soit, Gourgeon, où l'on a même trouvé des silex taillés, fut un lieu important à l'époque romaine. A Confracourt, à Nervezain, on trouve les « voies de Gourgeon, » et comme, en 1255, il fut donné par Alix de Traves à l'abbé de Cherlieu, et que la terre de Traves, dont il faisait partie, avait appartenu aux comtes de Bourgogne, il est bien probable qu'à l'époque romaine, le village relevait directement lui-même du domaine impérial. En 1255, Jean, comte de Bourgogne, approuva le don de sa cousine Alix (1), ce qui n'empêcha point Jean de Vergy, sénéchal de Bourgogne, soutenu par ses hommes de Lavigney, de réclamer, en 1290, avec la garde et la haute justice de Cornot, le pâturage des terres de Gourgeon. « Il y eut pour cette discorde grandes batailles entre les hommes desdites villes, et même mort d'hommes. Le sénéchal abandonna ses prétentions pour 200 livres tournois (2). »

L'église de Gourgeon avait été donnée en 1206, par l'archevêque de Besançon Amédée, à l'abbaye de Cherlieu (3). Malgré une tentative de révolte des habitants, qui, en 1421, se soumirent au seigneur de Montaigu et à la France, pour échapper au comté et à l'abbaye, celle-ci posséda la terre et l'église jusqu'à la Révolution (4).

Ray. — Une côte abrupte et verdoyante qui, d'un côté, surplombe la Saône et s'avance comme un promontoire dans la vallée, tandis que, de l'autre côté, elle s'étend par un

(1) *Mémoire sur l'abbaye de Cherlieu*, et Archives de la Côte-d'Or. Limites. B. 260, fol. 317.
(2) *Mémoire sur Cherlieu.*
(3) Pouillé du diocèse. Gourgeon. Archives du Doubs.
(4) Archives de la Côte-d'Or. Limites. B. 260.

plan légèrement incliné jusqu'à la vallée de la Gourgeonne, et, sur cette côte, un château d'où l'on découvre les camps romains de Chariez et de Morey, les ruines d'Oiselay, et jusqu'aux cimes nuageuses des Alpes, tel est Ray.

Les ruines romaines qui l'entourent à Recologne et à Ferrière, les fragments de tuileaux romains qui couvrent son territoire, notamment le long de la « Voie de Seveux, » derrière le château, prouvent l'estime qu'eurent les Romains pour cette forte position stratégique.

Depuis cette époque jusqu'à nos jours, on peut suivre l'histoire de la terre, comme l'histoire de la maison qui la possède. Tout au moins, on a, sur la première époque du moyen âge à Ray, des indices qui peuvent faire deviner l'histoire; à partir du XIIe siècle, c'est l'histoire écrite et certaine.

Au XIe siècle, Ray et sa terre appartiennent à l'abbaye Saint-Vincent de Chalon-sur-Saône (1). Qui la lui avait donnée? Un roi de Bourgogne, sans doute, à l'origine du moyen âge, alors que la Séquanie ne formait qu'une province des vastes contrées envahies par les Burgondes. Ainsi, à cette époque primitive, voyons-nous les rois enrichir à l'envi les grandes abbayes, dans lesquelles ils trouvaient un appui contre le flot dévastateur de la barbarie.

Dès lors aussi, on trouve à Ray les sires de Ray, qui tiennent la terre en fief de l'abbaye, à laquelle ils donnent un cens annuel d'un sou d'or. On a des signatures de Gui de Ray en 1098, de Sevin en 1114, de Lambert vers 1150, de Gui II vers 1170 (2). En 1114, Sevin parle de son père et de « ses fidèles prédécesseurs. » Plusieurs générations s'étaient donc écoulées depuis le jour où l'abbaye avait donné en fief cette terre à un ancêtre des sires de Ray, qui la transmit héréditairement à ses enfants, lorsque les fiefs devinrent

(1) Archives du Doubs. Ray. Voir les chartes citées plus bas.
(2) *Chronique de Bèze*, édition Bougaud et Garnier, p. 300, 430, 400, etc.

héréditaires, c'est-à-dire vers l'an 980. Nous remontons, on le voit, à l'origine même du moyen âge.

Dunod nous fournit une autre indication. De l'identité des armes de Ray et de Traves, du voisinage des terres, de la similitude des noms donnés aux fils de ces deux maisons, il a cru pouvoir conclure que la maison de Ray était une branche de la maison de Traves (1).

Lorsque cette maison apparaît dans l'histoire, elle est divisée en deux autres branches qui en portent le nom. L'une s'éteint, vers 1100, par le mariage d'une fille unique, Poncette, avec Guillaume, comte de Vienne et de Mâcon; l'autre s'éteint encore, vers 1250, par le mariage d'une fille unique, Alice, avec Jean de Choiseul. Mais, à cette époque même, en 1237, Étienne, comte de Bourgogne, fait à cette maison l'honneur de distinguer sa terre des terres voisines, en l'appelant une *chatellenie* (2).

Ce titre est significatif, d'après Ducange.

Au-dessous des douze leudes ou barons, chefs suprêmes de l'armée et derniers juges de toute cause dans le comté de Bourgogne, les lois antiques, dit Dunod, qui copie Ducange, nomment centeniers les officiers inférieurs ou capitaines des milices, qui, suivant l'usage des nations germaniques, joignaient l'administration de la justice au commandement des armées, et jugeaient des causes non réservées aux comtes. On nomma leurs terres *militias*, et ils prirent la qualité de *miles* comme un titre distinctif; mais on les appela *minores* relativement aux barons, qui étaient qualifiés de *majores*. Et ils ont été connus, depuis le Xe siècle, sous la dénomination de châtelains, parce qu'ils bâtirent des châteaux forts dans leurs seigneuries (3).

La terre de Traves, seule appelée une *chatellenie*, dans la

(1) *Nobiliaire*, p. 102.
(2) Chifflet, *Lettres touchant Béatrix*. Preuves.
(3) *Nobiliaire*, p. 115 et suivantes.

vallée de la Saône, confirme cette doctrine, en prouvant que ce titre ne fut pas donné au hasard et sans motif grave ; mais, à son tour, cette doctrine permet aux sires de Traves et aux sires de Ray, qui, d'après Dunod, en sont issus, de revendiquer pour leurs ancêtres une famille d'officiers de la première époque du moyen âge.

De plus, dans les actes de cette époque, les sires de Ray prennent en effet le titre de *miles*, que nous venons de voir être un signe distinctif des familles des centeniers. Ponce de la Roche, qui fut probablement, comme nous le verrons, le frère de Gui II de Ray, est qualifié de *noble* dans la *Chronique d'Albéric,* épithète, dit l'auteur du *Supplément de Moreri,* qui indiquait la haute noblesse à cette époque (1).

Il y a dans toutes ces indications, non la certitude, qu'il est difficile d'obtenir sur une époque aussi reculée, mais une probabilité morale, qui mérite l'attention.

Eudes de Ray vivait encore après 1170 (2). C'est à Athènes que l'on retrouve son successeur immédiat dans cet Othon de Roche, dont le maréchal de Villehardouin et la *Chronique d'Albéric* ont, à l'envi, chanté les exploits.

Il conquit, à la pointe de l'épée, les villes de Thèbes et d'Athènes, et fut le premier duc d'Athènes qu'ait connu l'histoire. C'est d'Athènes qu'il adressa à l'abbaye de Bellevaux une charte où il se qualifie seigneur de la Roche et de Ray. Il revint mourir à Ray et dort son dernier sommeil dans l'église de Seveux, où l'on voit encore sa tombe avec deux blasons frustes, qui durent être, l'un de Ray, de gueules à l'escarboucle pommetée et fleuronnée de huit rais d'or, l'autre personnel à Othon, d'or équipollé d'hermine. Avant et après lui, la Roche portait d'or équipollé d'hermine. Sur cette même tombe d'Othon-le-Grand, on voit son portrait

(1) *Supplément de Moreri*. Ray.
(2) DUNOD, *Nobiliaire*, p. 103.

gravé au trait, avec la robe fourrée d'hermine, signe héraldique de la puissance souveraine.

Othon de la Roche appartenait-il à la maison de Ray? Dunod l'affirme et fait de cette maison de la Roche une branche cadette de la maison de Ray.

Plusieurs faits paraissent confirmer d'une manière péremptoire son opinion.

Othon de la Roche n'était compté, à la croisade, que parmi les chevaliers, précisément parce qu'il était d'une branche cadette. Son rare mérite et sa valeur l'élevèrent seuls au rang des hauts barons. Ce sont les propres expressions de Dunod.

De plus, au lieu de choisir sa sépulture à la Roche, il la choisit dans sa terre de Ray, et fit relever par son fils aîné les armes de Ray, laissant au cadet les armes de la Roche. N'était-ce pas déclarer que Ray était la souche de sa famille, et que la terre de la Roche n'avait été qu'un fief d'un cadet de la maison de Ray elle-même?

Si l'on ajoute à cela le fait capital de l'entrée à Ray d'Othon, sans que, dans les chartes si nombreuses de cette époque, apparaisse la mention d'un achat fait par lui à un sire de Ray, la filiation des familles ne paraît guère douteuse.

Et comme, depuis Othon jusqu'à nous, la généalogie de la maison est certaine, le château jouit d'un privilège bien rare. Depuis au moins neuf cents ans déjà, cette seigneuriale demeure n'est jamais sortie du même sang, et ne s'est transmise que par voie d'héritage dans une seule et même lignée. Deux fois, il ne s'est trouvé qu'une fille pour transmettre la seigneurie et continuer la lignée. Sous les noms différents qu'amenait au château le mariage de cette fille unique coulait toujours cependant, et coule encore le même sang des sires de Ray, des sires de la Roche, et probablement des anciens officiers burgondes.

L'histoire de la seigneurie est plus difficile à établir. Au temps d'Othon de la Roche, Étienne de Vienne, comte de Bourgogne, était entré, à deux reprises, en lutte ouverte contre Othon de Méranie, comte palatin, et la noblesse du pays s'était divisée entre eux. Tandis que les montagnes embrassaient généralement le parti du comte palatin, généralement aussi la plaine se rangeait du côté d'Étienne.

L'épée d'Othon de la Roche, un des héros de la croisade, l'ami de Boniface marquis de Montferrat, roi de Thessalonique, et à qui revenait la gloire d'avoir ménagé le mariage de la fille de ce prince avec Baudoin, empereur de Constantinople, et d'avoir ainsi conservé à la croisade ses résultats, et aux Français l'empire de Constantinople, cette épée devait être d'un grand poids dans la balance (1). Il fut facile à Étienne de Vienne d'acquérir la seigneurie des moines de Saint-Vincent, qui étaient sur ses terres de Vienne et Mâcon. Cependant, bien que devenu, par cet achat, le suzerain immédiat d'Othon, il dut, pour obtenir de lui l'hommage féodal, lui abandonner en outre les fiefs de Villers-Vaudey et de Grachaux (2).

Sous Othon III, fils du grand Othon, la seigneurie de Ray subit une dernière transformation. Dans cette charte de 1239 à laquelle il a déjà été fait allusion, Étienne de Vienne fait en quelque sorte l'historique de la seigneurie. Notons en passant que, si Othon de la Roche n'eût pas été le descendant des anciens sires de Ray, Étienne de Vienne n'eût pas manqué de le faire sentir en rappelant les concessions qu'il avait été obligé de lui faire pour obtenir sa soumission. Puis il déclare vendre pour sept cents livres estevenantes, à Othon de Ray, le fief de Ray et les fiefs de Villers-Vaudey

(1) *Nobiliaire*, p. 104.

(2) Archives du Doubs. Ray. B. Liasse. 485. — Le nom de Grachaux ne désignait plus, au XVIIe siècle, que les maîtres du château de Raucourt, après avoir sans doute désigné le fief lui-même. A l'encontre de ce qui est arrivé ordinairement, le nom du fief a été vaincu par le nom du village. Raucourt avoisine Villers-Vaudey.

et de Grachaux, donnés autrefois en fief à Othon, père de Othon, présentement vivant. Le besoin d'argent où l'a mis son vœu d'aller en Terre-Sainte est le motif de cette vente.

Deux ans auparavant, Étienne avait déjà soumis le fief de Ray à son fils naturel Étienne, sire d'Oiselay et tige de la maison qui a porté ce nom (1).

A partir de 1239, la seigneurie se trouva constituée telle qu'elle devait demeurer jusqu'à nos temps modernes. Sous la suzeraineté immédiate d'abord d'Étienne d'Oiselay, dont nous possédons une reprise de fief de 1267 (2), et plus tard des comtes palatins, dont l'un, Othon, oblige, en 1289, Othon IV de Ray à reprendre son fief de Mahaut d'Artois, comtesse palatine, les sires de Ray possèdent le château et les terres en toute propriété.

C'est jusqu'à cette époque, au témoignage de M. Violet-Leduc, consulté au sujet de Ray, et jugeant à vue des plans et dessins du château, qu'il faudrait faire remonter les soubassements des murailles et des tours, tant leur épaisseur est étrange et leur masse indestructible.

De temps à autre, des villages ou des forteresses viennent s'ajouter à la seigneurie ou s'en détacher. En 1234, la donation des dîmes de Fleurey fait obtenir aux sires de Ray, de l'abbaye de Cherlieu, le village de Betoncourt, où ils construisent une chapelle, à laquelle, en 1661, Célestine de Ray faisait encore des présents (3). En 1288, Othon de Bourgogne leur donne Mercey-les-Gevigney, et, deux ans après, dans une charte donnée à Bracon, il attestait encore que ledit « Moissey, possédé par les hoirs de Monseigneur Olivier Guillaume, » était du fief de Ray (4). En 1317, une reconnaissance de Aimé de Ray nous apprend que son

(1) Archives du Doubs. B. 485.
(2) Id. Voir les chartes ci-dessous.
(3) Archives de Gray. Ray.
(4) Archives de la Côte-d'Or. B. 1062.

pouvoir s'étendait sur Lieffrans, la Charité (1). Toutes ces terres se détachèrent de la seigneurie pendant le moyen âge même.

A l'époque, non de l'affranchissement de Ray, en 1436, mais de la seigneurie entière, en 1660, par Célestine de Ray, dame de Conflandey et veuve d'Albert de Mérode, chevalier (2), la terre, sous le nom de baronnie, comprenait encore neuf villages : Ferrières, Recologne, Pontrebeau, Charentenay, Tincey, Membrey, Vaite, Brotte et Vanne. Elle occupait ainsi l'extrémité de l'angle formé par la Saône et la frontière ancienne de la Franche-Comté, position périlleuse, constituant pour les sires de Ray un poste d'honneur qu'ils ont toujours vaillamment défendu.

Nous devrions, pour écrire une histoire de Ray, faire passer sous les yeux du lecteur le nom de tant d'hommes de cette maison, depuis Othon de la Roche jusqu'à nos jours, qui, au milieu d'agitations politiques incessantes, ont été élevés aux plus hautes fonctions de l'État : Gauthier de Ray, gardien du comté, en 1349 ; Jean de Ray, gardien du comté, député par Marguerite de France, comtesse de Bourgogne, qui l'honorait d'une confiance toute spéciale, auprès de Philippe-le-Hardi, roi de France, et auprès du duc de Bourgogne, en 1368 ; Antoine de Ray, qui se distingua dans la guerre des Pays-Bas, en 1452 ; Claude de Ray, chevalier d'honneur au parlement de Dole, en 1598 (3). Il faudrait redire les exploits des huit chevaliers que la maison donna à l'aristocratique et si vaillante confrérie de Saint-Georges, et apprécier enfin, dans les temps modernes, le rôle militaire ou politique rempli par la maison de Ray et par les maisons de Mérode et de Marmier, que des mariages avec les héritières de la seigneurie amenèrent à Ray ; mais il y aurait là

(1) Archives du Doubs. B. 485.
(2. Archives de Gray. Ray.
(3) Gollut, édition 1846, p. 208, 754, 786, 1025, etc.

matière pour un livre, et nous n'écrivons qu'une notice.

Rappelons cependant quelques souvenirs intéressant non seulement la maison de Ray, mais le pays tout entier.

Les sires de Ray avaient comblé de leurs bienfaits toutes les abbayes du voisinage, et le droit de sépulture, qui leur fut accordé dans l'église de la Charité, où l'on voyait encore, à la fin du siècle dernier, leurs magnifiques mausolées, n'était, de la part des moines, qu'un modeste hommage de reconnaissance et de gratitude (1). Gauthier de Ray voulut, en 1346, faire mieux encore, en érigeant, à ses frais, un chapitre à Ray. Voici le début de cette pièce, qui mérite d'être citée :

« Nous Gauthiers, sire de Ray en le diocèse de Besançon, « chevalier, façons savoir à tous que nous, comme bien « advisez, considérans et reguerdans les saintes oraisons « que l'on dit en sainte église, lesquelles profitent ès morts « et ès vivans, vuillans et desirians croistre le Devin office « pour le remède de l'âme de nous et de notre chiere « compaige et fame Dame Quenegon de Blancmont, de nos « ancesseurs, de nos hoirs et de nos successeurs, facons, « fondons, estanblissons, créons et ordonnons en l'onneur « de Nostre Signeur Jesus Christ, et de la Glorieuse Virge « Marie sa mère et Monsieur saint Jacques le Grand, une « eglise collégiale en nostre ville de Ray, en l'Eglise « parochiale de la Ray, ou en un autre lieu de la dite ville. « Lai ou mieux nous plaira..... » Puis viennent les conditions de la donation : la résidence obligatoire pour les chanoines, le chant de tout l'office canonial, ainsi que d'une grand'messe tous les jours, ce qui devait demander aux chanoines quatre heures par jour de présence à l'église, la distribution d'un denier après chacun des trois principaux offices, à chaque chanoine, pour attirer à l'église, par la

(1) Dunod, *Nobiliaire*. Ray.

crainte de la disette, ceux que la piété ne pourrait y conduire (1).

Malgré l'hésitation de Gauthier de Ray sur le lieu où sera installée sa collégiale, hésitation clairement indiquée au début de la charte, c'est bien dans la vieille église romane de la paroisse que le chapitre fut fondé, sans doute après qu'on eut désintéressé les moines de Bèze, à qui elle appartenait. Une fenêtre ogivale du XIVe siècle, des arceaux gothiques modifiant le style roman primitif, attestent encore aujourd'hui les agrandissements considérables qu'elle reçut à cette époque (2). C'est dès cette époque aussi sans doute que les sires de Ray y choisirent souvent leur sépulture, soit sous des tombes sur lesquelles sont gravés leurs traits, soit dans le caveau qui leur fut réservé sous la nef gauche, tandis que l'on en creusait un sous la nef droite pour les chanoines. Le chapitre de Ray a duré jusqu'à la Révolution.

Au XIVe siècle, d'après une charte de Aimé de Ray, père de Gauthier dont nous venons de parler, non seulement le château avait ses fortifications, ses tours, son donjon, mais le village lui-même était entouré de murs de défense (3). Grâce à ces travaux, on a pu, à cette époque, préserver le village et le château des dévastations soit des Anglais, qui, en 1360, avaient pris d'assaut la ville de Vesoul, soit des Grandes Compagnies — grandes compagnies de voleurs — qui, de 1360 à 1369, ravagèrent la Franche-Comté. Les sires de Ray purent encore résister, en 1475, aux armées victorieuses de Louis XI, conduites par Georges de la Trémoille-Craon (4), et, en 1569, aux bandes luthériennes,

(1) Archives de la Haute-Saône. Ray. Chapitre G.

(2) Au XVIe siècle, par suite d'un incendie, croit-on, elle subit encore une reconstruction partielle considérable, et dans le style, peu remarquable, de cette époque.

(3) Archives de la Côte-d'Or. Layette. N° 93. Liasse, 1. F., 162.

(4) *Histoire de Jonvelle*, p. 99.

bien plus redoutables encore, de Wolfgang (1). En 1636, les Suédois, aux ordres de la France, envahirent la Franche-Comté, mais probablement n'atteignirent pas Ray ; les Allemands, envoyés par le roi d'Espagne pour nous défendre, furent plus nuisibles que les envahisseurs eux-mêmes, par les garnisons qu'ils imposèrent au pays et les crimes dont ils se rendirent coupables. Désignée pour le logement d'un régiment et de trois compagnies de dragons lorrains, à qui elle fournit 3,000 mesures de blé, ayant eu, indépendamment de cette charge, à supporter le passage de l'armée lorraine presque tout entière, la terre de Ray perdit en quelques années le tiers de ses habitants (2). Le bourg lui-même fut saccagé, mais le château résista et ne put être emporté (3).

Enfin, en 1637, les Allemands envoyés au secours de la Franche-Comté ayant été défaits, les Français reprennent l'offensive, et un corps d'armée met le siège devant Ray, qui est emporté (4) (du 20 au 25 juin 1637). Pour la première fois peut-être alors, depuis le commencement de la seigneurie, le pied de l'étranger foula en maître la haute forteresse restaurée quelques siècles auparavant par Othon de la Roche. A partir de cette époque, et sans doute par suite des dommages graves apportés aux murs et aux défenses, Ray subit la loi du plus fort, et chaque armée victorieuse s'en empare. Les Français et Suédois ne font qu'y passer, et les soldats du comté, nationaux ou étrangers, y rentrent et y mettent une garnison, qui sert au gouverneur de Jonvelle Fauquier de Chauvirey, pour faire, sur le territoire de Langres, des courses où il trouve enfin la mort, en 1641 (5).

(1) *Histoire de Jonvelle*, p. 145.

(2) *Corresp. du parlement*. B. 734. Ray. 26 janvier. Cité dans l'*Histoire de Jonvelle*, p. 276.

(3) *Histoire de Jonvelle*, p. 276.

(4) *Id.*, p. 280.

(5) *Id.*, p. 291.

La même année, les Français se présentent devant le château, dont ils trouvent les portes ouvertes, à cause de l'impossibilité que l'on avait vue à le défendre (1). Le maréchal français de Grancey, général en chef, y fait mettre une garnison de 80 hommes, commandés par le sieur d'Yves, capitaine de Pressigny, qui s'y voit bientôt attaqué par le baron de Bauffremont, gouverneur de la Franche-Comté (17 et 18 septembre 1642) (2). Cinquante coups de canon avaient déjà ouvert une brèche dans la courtine, lorsque Grancey arrive, et, après un combat de trois heures, force à la retraite Bauffremont, qui laisse entre les mains de l'ennemi de nombreux prisonniers, parmi lesquels 22 gentilshommes, ses canons et mortiers, encore en batterie sur le chemin de Vanne, et une multitude de morts.

Mandé à Paris pour ce brillant fait d'armes, Grancey y reçut en son hôtel, où une blessure le retenait, la visite du roi Louis XIII et du cardinal de Richelieu, qui l'allèrent féliciter en personne de sa victoire de Ray.

L'année suivante, Ray était encore une fois repris aux Français (1643) (3), qui enfin y entrèrent définitivement en 1674, lorsque Louis XIV prit possession de la Franche-Comté.

Dans notre Franche-Comté, un grand nombre de châteaux avaient perdu leur importance militaire et stratégique du temps des guerres de Louis XI ; d'autres ne la perdirent que dans cette terrible guerre de dix ans, duel gigantesque entre Richelieu et la Maison d'Autriche. Si Ray fut parmi ces derniers, les coups de l'ennemi furent d'autant plus terribles que la forteresse avait résisté plus longtemps, et que plus patriotes avaient été ses maîtres. En 1636, Marie-Célestine de Ray, fille unique du dernier sire de Ray, épousait à

(1) *Histoire de Jonvelle*, p. 301.
(2) *Id.*, p. 314.
(3) *Id.*, p. 317.

Fribourg Albert de Mérode, à qui elle apportait en dot la seigneurie, et qui se signala par sa fidélité à la cause franc-comtoise (1). Les désastres infligés au château furent en raison directe de cette fidélité, et Ray, comme position militaire, fut frappé au cœur. En 1660, nous l'avons vu, la seigneurie tout entière était affranchie par cette même et généreuse Célestine de Ray : c'était la fin de la féodalité. La lignée de Célestine de Ray s'étant terminée, cent ans plus tard, par quatre filles toutes mortes sans enfants, la terre revenait par substitution à la descendance de Rose de Ray, sœur du dernier sire de Ray, et mariée à Alexandre de Marmier, arrière petit-fils du premier président du Parlement de Franche-Comté (2). C'est sous cette dernière branche de la maison de Ray que, dans la nuit du 4 août 1789, on vit abolir les derniers privilèges de la noblesse, et que le château de Ray cessa complètement d'être une demeure féodale pour rester une demeure riche, princière, artistique. Il conserve aussi cet avantage, pour le voyageur qui contemple ses tours, ses créneaux restaurés dans ce siècle même, d'évoquer devant lui le souvenir de tous les siècles de notre histoire nationale, car, depuis neuf ou dix siècles au moins, il n'est point de douleur et de joie patriotiques qui n'aient eu leur écho dans ses murs.

Chartes sur Ray. — Archives du Doubs.

1239. — Ego Stephanus comes Burgundiæ notum fatio omnibus præsentes litteras inspecturis quod cum ego essem cruce signatus et vellem iter arripere eundo ad partes transmarinas pro voto crucis exequendo, pro necessitate mea, vendidi Othoni D^no^ de Ray et hæredibus suis in perpetuum pro septies centum libris stephaniensium mihi

(1) *Histoire de Jonvelle*, p. 319.
(2) *Supplément Moreri*. Ray.

ab eodem Othone integriter solutis feoda de Ray et de Velers Vadays et de Granchaux, quæ feoda idem Otho tenebat de me. Quod etiam feodum de Ray ego acquisieram ab ecclesia S[ti] Vincentii Cabilonensis, cui ecclesie obolus nummus aureus censualis debebatur annuatim a domino de Ray pro feodo jam dicto. Postmodum vero acquisivi ab Othone quondam domino de Ray, patre jam dicti Othonis, quod dictum feodum de Ray esset mihi reddibile augmentando eidem Othoni ipsum feodum de feodis de Velers Vadays et de Granchaux jam dictis, promittens bona fide quod per me ved per alium nullo tempore ad venditiam contraïbo, promittens etiam quod eidem Othoni de dicta venditione legitimam portabo garantiam ; dictus vero Otho dominus de Ray et successores sui debent reddere annuatim nomine census ecclesie antedicte Vincentii Cabilonensis unum obolum aureum jam dictum. In cujus hic testimonium præsentes litteras sigillo meo roboravi. Actum anno Domini millesimo ducentesimo trigesimo nono, mense aprili. — B. 483. Liasse.

1267. — Je Estiennes sire d'Oysselet fays savoyr à tout ceus qui ces présentes lettres verront et auront que je ay repris et reprent le chastel de Ray, lequel chastel li sires de Ray tient de moy et toutes les chosses que li sires avant dit tient de moy. Jay repris de mon cher signor et bon neveur de Othenin de Bourgoigne pour ainsi que li avant dit sires de Ray le tient de moi et ceste chose li en ai promis et promet en bonne foy a guarantir contre toutes gent ; en tesmoygnaige de laquelle chosse je ai fayt mettre mon séel pendant en ces présentes lettres, l'an que li milliaire nostre signor Jhesus Crist correzt mil deux cent et soixante et sept anz.

1289. — Je Othes sire de Ray fais savoir à touz ces qui verront et auront ces lettres que je, par la volontai et par le comandement de noble baron et seige Othon comte palatin de Bourgoigne seigneur de Salins mon très chier seigneur, suis antrez en l'omaige et en la féalté de haute dame et noble Mahaut d'Artois comtesse palatine de Bourgoigne et dame de Salins femme de mon devant dit seignour. De totes les choses que je tien ou doi tenir de mon devant dit seignour en fiez et en rére fie en quelque leu et en quelque ménière que ce soit lesquouelles chosses totes ensamble je reconnois avoir reprises de ma dite dame aussi an la ménière que je les tenois de mon dit seignour ou devois tenir sauve la féalté de mon dit seignour tote sa vie. Et por cest homage que jai fait à ma dite dame je li ai promis et jurré féalté por li et por ses hommes et j'ai obligie mes hommes por ce faire à ma dite dame ou a ses hommes après mon déces aussi comme je lai fait. En tesmoignaige de laquelle chose je ai mis mon seel en ces lettres. Ce fut fait l'an de grace courant mil deux cent octante neuf au mois de Janvier.

Côte-d'Or. B. 1062.

1288. — Nos Othes coens palatin de bourg^{ne} et sire de Salins faicons savoir a tous que nous avons donnez et donnons a notre amez et féal chlr Othe seigneur de Ray le fye de Maissez ce que messires Kales de Gevegney et mes sires Guillaumes ses frères y tenent de nos et mandons et commandons a devant diz monseigneur Kales et monseigneur Guillaume son fie que il a la vehue de ces lettres entrint en homaige doudit seignor de Ray liquels sire de Ray le doit tenir de nos en croissance de notre fye. En tesmoignage de ces choses nous avons mis notre seel en ces presentes lettres faictes à Gray le jour saint nicolas diver lan mil cc octante huict.

1290. — Nous Othes coens palatin de borg^{ne} et sire de Salins fassons savoir a tous que nous avons trove que li fie Maicez vers Jussey que li hoir monseignor Olivier et mes sires Guillaume tiennent est dou fief le seignor de Ray porquoy nous quictons au dit seignor de Ray ledit fied de Maixez et voulons et commandons que li hoirs monseignor Olivier le teinent de lui salf ce que li diz sires de Ray le tient et tanra de nous. En tesmoingnaige de laquelle chose nous avons fait mettre notre seel en ces lettres faictes et données en bracon le jeudi devant la tous saint l'an mil dous cent et nonante.

Grandecourt, Vauconcourt, Lavigney. — Nous unissons ces trois noms que l'on voit, sur la carte, se trouver sur la continuation, en ligne droite, de la voie romaine retrouvée par M. Clerc à Rioz, Tresilley, Maizières, Pont-de-Planches, Soing, et nommée par lui *Voie transversale du Rhin à la Saône.*

S'il faut croire, ainsi qu'on l'admet généralement, que, dans le moyen âge, les grands établissements civils ou religieux étaient généralement placés le long des voies romaines, celle-ci allait plus loin que la Saône.

De l'autre côté, sur son tracé je relève, en effet, entre Soing et Grandecourt, le vieux *chemin de Besançon,* et, à Grandecourt, un prieuré de chanoines de Saint-Augustin construit au XIIe siècle, et dont l'église est encore debout; au delà de ce village, on lit sur le plan cadastral les noms suivants : *La voie de Soing,* et, à l'entrée de Vauconcourt, *la Maladière* ou hôpital des lépreux, au moyen âge, *la Romanère,* nom qui suffirait à lui seul pour prouver l'existence d'une construction romaine ; dans ce village, on trouve l'église qui a pu, comme nous le verrons plus bas, être le siège d'une petite communauté de prêtres ; au delà du village et auprès des lieux dits *Voie-de-Lavigney,* le chemin se perd dans la forêt pour se retrouver à l'entrée de ce dernier village, d'une largeur inusitée et absolument inutile, et d'une solidité plus insolite encore. Enfin, à Lavigney et sur les bords de ce chemin, d'après le comte palatin de Bourgogne Othon V, existait, dès le XIIIe siècle, une maison des Hospitaliers de Saint-Jean de Jérusalem, qui était érigée en commanderie à la fin du XVIe siècle (1).

Au delà de Lavigney, le chemin qui continue directement la voie présumée coupe, entre Laitre et Gourgeon, à gauche du chemin de Melin, la voie de Langres à Port-Bucin, et arrive en ligne directe sur Montigny-les-Cherlieu, où l'existence d'une voie romaine est incontestable, et de là sur la station thermale, connue de toute l'antiquité, de Bourbonne-les-Bains (2).

Espérons que plus tard des sondages ou quelques circonstances fortuites apporteront à ces preuves morales l'appui décisif de preuves tangibles et matérielles.

J'ai écrit ailleurs l'histoire de Grandecourt. L'histoire de Lavigney, seigneurie des Vergy et des Bauffremont, et, au XVIIe siècle, quartier général de Gallass, d'où chaque jour les Allemands s'élançaient pour piller le pays qu'ils étaient venus garder, est bien connue.

Terminons ce travail et ces études locales par une notice sur Vauconcourt.

Vauconcourt. — Des donations faites aux abbayes du voisinage sont les plus anciens souvenirs que l'on possède sur ce village.

Vers 1098, l'abbaye de Bèze y reçoit, des sires de Ray, de vastes terres en nature de prés, champs, forêts, et un serf (3). Cent ans plus tard, l'abbaye de Saint-Vincent recevait à son tour de Henri, chambellan de l'archevêque de Besançon,

(1) C'est à tort que M. Duvernoy a contredit Gollut sur ce point et placé cette maison à Leugney. Non seulement le souvenir des Chevaliers de Malte, qui, du reste, conservèrent jusqu'à la Révolution le patronage de l'Église, est encore vivant dans le village, mais le nom de l'*Hôpital* donné sur le plan cadastral à tout un canton, et les croix de Malte semées çà et là, entre autres celles qui sont sculptées sur l'oratoire qui se trouve à l'entrée de Lavigney, du côté de Cornot, prouvent, et au delà, que Gollut ne s'était pas trompé.

(2) Remarquons encore que cette voie présumée aurait passé à Vitrey, où le *Dictionnaire des communes de la Haute-Saône* mentionne des vestiges de voie romaine.

(3) *Chronique de Bèze*. Vauconcourt et Fédry.

l'église déjà paroissiale et dont la possession lui était confirmée par les archevêques Gérard et Guillaume, en 1223 et 1250 (1). Enfin, en 1220, l'abbaye de Cherlieu recevait d'Anselme de Fouvent la moitié des dîmes de toute la paroisse, et, en 1256, se faisait confirmer cette donation par Jean de Vergy, neveu d'Anselme et sénéchal de Bourgogne (2).

Un souvenir est encore debout de ces temps reculés, et peut nous faire pénétrer même plus avant dans l'histoire de ce village, au moins au point de vue ecclésiastique : c'est l'église. Malgré les ineptes transformations que lui a fait subir le XVIIe siècle, des êtres difformes et dont la tête est malheureusement brisée sont encore assis à califourchon sur ses contreforts ; une figure grimaçante soutient toujours la voussure d'une porte romane ; on voit au chœur et la niche en pierre où le moyen âge abritait la sainte Eucharistie, et les trois fenêtres terminales. Étroites, élancées, à ogive légèrement dessinée dans l'ouverture, tandis que l'évasement de la fenêtre est roman, elles fixent d'une manière précise la construction de l'église à l'époque de la transition du style roman au style ogival, c'est-à-dire au XIIe siècle.

On y relève d'autres particularités plus curieuses encore.

Chacun sait qu'au moyen âge, l'Église chercha et souvent réussit à imposer à ses prêtres la vie commune. Les Conciles de Mayence en 813, d'Aix-la-Chapelle en 814, et plus récemment les papes Nicolas II en 1059 et Alexandre II en 1063 établirent d'une manière absolue pour tous les prêtres, soit des villes, soit des campagnes, l'obligation de posséder en commun tout ce qui leur venait de l'église, et de manger et dormir en commun auprès des églises pour lesquelles ils étaient ordonnés (3).

(1) Pouillé du diocèse. Vauconcourt.
(2) Archives de la Haute-Saône. H. 342.
(3) *Histoire de l'Église*, par Darras, t. XXI, p. 316. — Fleury, *Hist.* L. xi, p. 309.

C'est sous l'inspiration d'une telle pensée et pour répondre à ces prescriptions qu'a pu être construite l'église de Vauconcourt.

D'une longueur démesurée, d'une étroitesse non moins disproportionnée, mais nécessaire pour ne point donner trop de portée à la charpente que le défaut de voûte laissait voir depuis l'intérieur, elle était éclairée de chaque côté par une série de fenêtres étroites, peu longues et à ogive légèrement indiquée.

Deux fenêtres cependant, dont la place l'une à côté de l'autre était réclamée par la symétrie, ne furent jamais ouvertes et ne le sont pas encore. C'est que là, comme à côté des églises monastiques, fut construite une maison pour les prêtres qui desservaient l'église. On en voit encore la porte, emmuraillée seulement à l'époque de la Révolution, longtemps dès lors après que l'habitation commune des prêtres était devenue un presbytère moderne, séparé et indépendant de l'église. Mais, preuve bien plus caractéristique, lorsqu'à une époque inconnue, cette maison fut détruite, les murs n'en furent coupés qu'à 20 ou 25 centimètres du mur de l'église, pour ne point endommager celui-ci, signe indéniable qu'église et maison presbytérale avaient été construites ensemble et faisaient partie du plan primitif de l'architecte.

Si l'on n'avait eu à pourvoir qu'à l'habitation d'un prêtre, serf comme la plupart des prêtres de cette époque, il est bien difficile de croire que, pour cette habitation, les architectes et bienfaiteurs de l'église eussent consenti à briser l'harmonie de la fenestration, et eussent donné à l'ensemble de cette construction une telle ressemblance avec une église monastique.

Signalons encore les débris de sarcophages de pierre taillée que l'on trouve dans le cimetière, à l'entrée de l'église. Ils rappellent l'usage plus ancien encore d'inhumer les fidèles sous le porche de l'église, dans l'*atrium*, qui est devenu l'*aitre* du moyen âge. Les sarcophages de pierre et le droit de reposer sous le porche même étaient naturellement réservés aux paroissiens les plus riches et les plus puissants, ordinairement bienfaiteurs et constructeurs de l'église. Cet usage cessa au XIIe siècle. Le grand nombre de ces sarcophages prouve dès lors l'existence d'une église paroissiale antérieure à celle-ci et construite au même lieu, à l'origine des paroisses.

Nous ne ferons qu'indiquer la signature d'un archiprêtre nommé Moran, au bas d'un acte sur Vauconcourt, de l'an 1098 (1). Quant aux églises moindres, dit un auteur moderne en parlant des archiprêtres ruraux, et auxquelles la présence d'un seul prêtre suffisait, on les rassembla sous l'autorité d'un archiprêtre rural, et on les ramena à représenter comme les titres d'un même presbytère et d'une même église principale (2). Où habitait cet archiprêtre? A-t-il résidé, au moins momentanément, à Vauconcourt, au milieu de la petite communauté de prêtres, comme on vit, à une époque bien plus tardive, le curé de Rosey être le doyen de Traves? Personne ne saurait le dire.

Au XIIIe siècle, nous assistons au déchirement de l'antique organisation. Les dîmes déjà tombées au pouvoir des laïques vont à Cherlieu; l'archevêché se dessaisit de son droit de nomination à la cure pour le donner à Saint-Vincent; les fondations se font en faveur de Bèze, et l'histoire écrite commence.

C'est alors aussi que commence l'histoire écrite de la seigneurie.

Au sommet de la hiérarchie féodale sont les sires de Fouvent. Non seulement, sans doute par suite de leur pro-

(1) *Chronique de Bèze*. Vauconcourt.
(2) Dom GRÉA, *De l'Église et de sa divine constitution*. 3 Part. Ch. VIII.

tection accordée à l'ancien presbytère, ils possèdent les dîmes de l'église, mais ce sont eux qui transmettent le fief. En 1310, Henri de Vergy, sénéchal de Bourgogne, cède à Girard de Chauvirey tout le fief que Jacques de Conflandey « tient dudit seigneur de Vergy en la ville et finage de Vauconcourt (1). » En 1585, ils recevaient encore l'hommage des seigneurs immédiats, qui, à l'origine de l'histoire écrite, étaient, pour les trois quarts, les sires de Rupt, et, pour un quart, les sires de Vauconcourt. La maison de Vauconcourt s'étant éteinte au XIIe siècle, leur part de seigneurie vint à la maison de Conflandey, et, en 1310, de l'agrément de Henri de Vergy, fut cédée par lui en gagerie à Girard de Chauvirey, pour une somme de 766 marcs d'argent (2). D'autres emprunts de 40 livres en 1313, de 180 livres en 1317, de 150 florins d'or en 1395, et enfin de 60 florins d'or en 1396, mirent cette part de la seigneurie au pouvoir de la maison de Chauvirey. Odette de Chauvirey la porta en dot à son mari Érard II du Chatelet. Celui-ci la mit temporairement entre les mains de son petit-fils Philippe de Montjustin (3). Érard II eut un autre petit-fils, Jean du Chastelet, qui put à son tour hériter de cette terre. En tout cas, un Jehan du Chastelet, portant les armes de Chauvirey, d'azur à la bande d'or, en 1409, se fit enterrer à l'église, où sa tombe se voit encore. Elle arriva enfin à la maison d'Haraucourt, qui, à la fin du XVIe siècle, possédait encore le quart des amendes et a laissé son blason sur un mur de l'église, et à celle d'Orsans, qui, par un mariage, la ramena dans la maison du Chastelet-Lomont, où elle demeura plus ou moins entière jusqu'à la Révolution (4).

(1) Archives de la Côte-d'Or. B. 1070. Pièce 3457.

(2) Id.

(3) Dom Calmet, *Histoire des seigneurs du Chastelet, et Mémoire concernant les juridictions en litige*, cité dans l'*Histoire de Jussey (1398)*, p. 339.

(4) Chartes conservées au village.

La part de seigneurie des sires de Rupt, à laquelle était attachée la triple justice avec le signe patibulaire qui en était le symbole, ne sortit point du château de Rupt jusqu'à la Révolution.

Voici le texte inédit, fruste par endroits, de l'inscription gravée sur la tombe de Jehan du Chastelet.

... noble homme Jehan Simon du Chastelet en Baret (2) de Vauconcourt ... ier ... de très haut et puissant prince Jehan duc et comte de Bourgoigne lequel Jehan du Chastelet trepassa l'an mil cccc et dix le jour des rois. Dieu lui pardonne.

Jehan du Chastelet est représenté, au trait, armé de pied en cap, et la tête découverte. Son casque surmonte, à sa droite, un blason à bande d'or.

Une croix à bordure est seule visible sur le blason placé à sa gauche.

Une autre tombe, sans personnage, porte cette inscription : *Ci gist noble ... de Petite Pierre femme de Maistre Claude Duchasne ... chastellain d'Artaufontaine ... ...bre 1536. Dieu ait pitié d'elle.*

Cette inscription nous apprend qu'une Petite Pierre s'était mésalliée en se mariant à un nommé Claude Duchasne, majordome ou châtelain à Artaufontaine, sous l'autorité de Bonne Vincent, alors dame souveraine de la forteresse. Elle fut enterrée en 1536, à l'église paroissiale.

Citons enfin deux inscriptions emmuraillées, l'une à l'intérieur de l'église : Mtre Claude Dumeix, prêtre curé de ce lieu, a donné a ses successeurs curés une vigne d'environ vingt ouvriers size en ce finage au chemin tirant a Ray par lui acquise et fermée de murailles a charge qui ceux a jamais seront tenus dire quattres anniversaires a ung jour dun chacun quaittres temps de l'année de trois grandes messes a diacre et soubdiacre ayant a cet effet donné a l'eglise les ornements nécessaires et Inviolata chacun Dimanche devant le grand autel après la première eau beniste avec le libera me et faire aux vespres ostention du St Sacrement et aux prônes pour ledit donateur les recoman[ts] accoutumées. Dieu lui face pardon.

Vient ensuite le blason de ce curé : un arbre entre deux quintes-feuilles, et la date : 1627.

La seconde inscription est à l'extérieur, et comprend, d'une part, une date : 1631, de l'autre, un blason parti de deux ; à dextre, les armes d'Haraucourt : d'or à la croix de gueules, au franc quartier d'argent, chargé d'un lion armé, lampassé et couronné ; à senestre, trois chevrons renversés et deux cotices, qui sont les armes de Trestondans. C'est ce d'Haraucourt qui mourut au château en 1640, et qui, sans doute, avait fait construire la chapelle où se trouve ce blason.

L'Abbé Ch. BLANCHOT.

TABLE DES MATIÈRES